Les Âges de l'amour

Collection Voix 4

Dorothy Livesay

Les Âges de l'amour

Traduit par Jean Antonin Billard

Guernica/La Table Rase

Titre original: *The Phases of Love*

Photocomposition et conversion par Atelier LHR.

Cette publication a été rendue possible grâce à une subvention du Conseil des arts du Canada et du ministère des Affaires culturelles du Québec. Ce recueil parut pour la première fois en version anglaise à Coach House Press en 1983.

Les éditions Guernica, C.P. 633,
succ. N.D.G., Montréal (Québec),
Canada H4A 3R1.

La Table Rase
B.p. 23
77241 Lesson-Cedex, France

Dépôt légal — 2e trimestre
Bibliothèque nationale du Québec
et Bibliothèque nationale du Canada.

Données de catalogage avant publication (Canada)

Livesay, Dorothy, 1909-
[The phases of love. Français]
Les âges de l'amour

(Collection Voix; 4)
Traduction de: The phases of love.
Poèmes.
ISBN 2-89135-019-7

I. Billard, Jean Antonin II. Titre. III. Titre: The phases of love. Français. IV. Collection: Collection Voix (Montréal, Québec); 4.

PS8523.I82P4314 1988 C811'.54 C88-090268-X
PR9199.3.L48P4314 1988

Préface

Une femme vit l'amour, le pense et l'écrit. Une femme possédant tous les âges, de la tendre jeune fille innocente à la sage-femme de la maturité. Mais aucun âge, aucune expérience n'altère sa fougue, sa passion vive, sa soif de jouissance. Car cette femme jamais ne refuse la rencontre inéluctable de la souffrance contenue dans tout amour vrai. Comme si la vérité de l'amour ne pouvait se passer de l'amour de la vérité. Dans l'abandon amoureux, cette femme de tous âges sait qu'il y a le don mais aussi la perte. Don de soi dans l'autre mais encore perte de soi en l'autre. Accueil de l'autre en soi mais aussi renoncement à posséder, ne fût-ce qu'une contrée, le continent de l'autre.

Dorothy Livesay, c'est ma mère étrangère. «Ma mère diagonale», comme l'écrivait Jérôme Peignot de Laure. Ma mère proche et lointaine d'un pays presque mien. Dans la langue de l'autre elle me parle et pourtant je m'y reconnais. Jamais une aïeule ou une mère d'ici, de ma culture et de ma langue, n'avait à ce point touché ma langue à moi de désirs et de mots. Marie-de-l'Incarnation, Laure Conan, Gabrielle Roy, je vous ai aimées mais jamais vos textes n'ont franchi vraiment le seuil de la langue d'éros. Vos héritières, dont je suis, ont dû s'inventer de toutes pièces, faire feu de tous mots pour que surgissent les paroles de jouissance qui devenaient, par-delà le long mur des refoulés historiques, inédites et inouïes. Mais plus loin que les Rocheuses, aux limites de cet étrange pays qui se nomme Canada, une femme, une mère, une amante, bien avant que les paroles féminines de corps ne deviennent un phénomène de mouvement, puis de mode, une femme pratiquait, avec les mots de tous les jours, la langue d'éros.

Cette langue d'éros de tous les âges inclut aussi les objets quotidiens. Elle est généreuse. Sa table est bien garnie, elle cuisine et reçoit. On la voit les servir en passant, dans le bonheur de la captation de phrases, de mots, de sensations, de pensées, de sons. On imagine la maison, le lit, les fleurs et le jardin. On sent le juteux, le pulpeux, le «feuilleté charnel» dont parle Luce Irigaray, le débordement de tous les sens. Non pas le dérèglement. Cette femme est en santé : elle connaît les règles : le flot, le sang, le lait. Mais aussi les règles de la rhétorique et de la versification, celles qui endiguent le trop-plein des débâcles pulsionnelles, elle les connaît par cœur et sur le bout des doigts. Dans son savoir de la langue, elle a gardé assez d'enfance pour faire d'elle un jeu. Elle crée des volutes, des arabesques, des enluminures et s'en amuse parfois quand discrètement l'écriture devient l'objet de sa contemplation.

Intimement, elle connaît le flux et le reflux des saisons, des phrases. On entend du dedans les vents des débordements, vents qui ramènent la voix de la mer et l'écho des montagnes à la maison. On sent la feuille sur laquelle ils chutent. On sent la main qui écrit et tout le corps qui pense les événements, petits et grands, d'une longue journée de femme fragmentée par les instants pleins, les années, les décades, les générations.

Et cette langue d'éros est rieuse. Parfois aux éclats, parfois doucement, mais jamais de ce rire de dérision qui prend son plaisir au détriment de l'autre, jamais de ce rire-contre, tout-masculin je crois, grande ruse de l'inconscient pour économiser, épargner la peine et la perte. Son rire à elle est joyeux, il se crée avec l'autre. Il est franc parce que greffé sur la jouissance. Et la jouissance, elle le sait, elle l'a éprouvée, c'est ce qui ne craint pas de faire passer la blessure dans le plaisir.

C'est aussi pourquoi sa langue d'éros est parfois colérique. La bête se réveille quand elle voit la dérision prendre la place des larmes. Ou encore la violence ou le meurtre sous toutes leurs formes. Si, comme l'a suggéré à maintes reprises le philosophe Claude Lévesque, ce qu'on appelle écriture féminine, c'est d'abord le cri, l'écriture de *Les Âges de l'amour* serait toute-femme même si sa scriptrice sait bien, avec tout l'humour et la distance de la sage-femme qu'elle est, elle n'est pas-toute. Cris de toutes sortes en effet: ceux de la jouissance comme ceux de la souffrance, cris du jeu aussi, de tous les jeux chez celle qui, au fil blanchi des ans, a su conserver assez d'enfance pour savoir encore jouer. La théorie des jeux simulacres-séducteurs n'est pas son lot; mais encore tous les cris de colère, de révolte jusqu'au rugissement de la bête assaillie, gardienne d'une maison où dorment, pas trop inquiets les enfants; assaillie par la guerre, les injustices, le pouvoir assujettissant, jusque dans sa maison, fût-elle une île calme du Pacifique; jusque dans son corps aussi, son corps-monument et son continent d'écriture.

Du dedans, elle décrit les assauts et déchiffre les signes laissés là au hasard des rencontres et des ondes de choc. Les censures, les grilles qui étouffent toutes lettres, toutes marques pulsionnelles de vie, sont à leur tour une à une assaillies. Les murs tombent, les écluses cèdent. Il y a des débris. Ils sont visibles, palpables. La poésie de Dorothy Livesay est toujours remplie d'images concrètes, sensuelles. Elles se voient, se touchent, se sentent.

Mais, devant le désastre créé par la déraisonnable histoire des hommes, il n'y a pas tellement de plaintes mélodramatiques ou hystériques. Si la sage-femme est lucide, la bête est aussi courageuse. Elle est forte et n'a pas froid aux yeux. Elle peut, à partir du cri et dans l'esprit de combat nommer crûment les choses, exposer en filigrane, subrepticement je dirais, comme seule la vraie poésie sait le faire, indiquer les raisons d'une colère parfois longuement retenue. Cette femme sait de quel long silence étouffé et de quelles privations viennent les femmes. Le fruit de ce savoir n'est ni la hargne ni la condamnation. Chez elle, la passion amoureuse est trop constante, trop merveilleusement jouissante, joyeuse et créatrice pour qu'elle fasse son fiel du désespoir, de la vengeance et de la destruction. Tout juste parfois un désenchantement et parfois une grande légèreté. La lucidité et la grâce poétique ne peuvent se passer de cette conjonction.

Les Âges de l'amour c'est le givre et le feu, l'eau et les flammes, les rires et les cris, le sel et les larmes, la dentelle et le fer. C'est le vent et l'ouragan, parfois le grondement du volcan, mais c'est aussi la rive rieuse sur laquelle l'amante vient se coucher, aimer et se faire bercer.

Madeleine Gagnon

À ma mère,
à Madeleine,
à nos enfants.

Adolescence

Quelque chose va naître
Dans la nuit calme, j'entends
Le silence palper mes seins
La douleur traverser mes os

Sans force adamantine
Sans dureté diamantine
Mon cœur —
Dune de sable désagrégée
Au contact de l'eau;
Vent changeant qui souffle,
Tantôt cinglant, tantôt une caresse;
Parfum de terre et d'air;
Ni feu; ni pierre.
Sans force adamantine
Mon cœur.

Lettre non écrite

Le vent a arraché vos pommes toutes
 brodées
De leurs branches
Et les a jetées par terre;
La pluie a rempli vos tonneaux d'arrosage
Pleins à ras bords,
Creusé des rigoles dans vos parterres
Éclaboussé toutes les vitres étincelantes
Que vous aimiez immaculées.
Le soleil aussi a fait ses ravages :
La gerbe d'or est rabougrie et toute ratatinée,
Les marguerites pourpres fanent, la mine désolée,
Et les dahlias s'effeuillent
Pétale par pétale,
Et quand descend le soir
Attendent votre arrosoir.
Le bonheur a déserté votre jardin —
Et même les arbres s'en ressentent.

Tous les voisins disent
Qu'ils voudraient vous revoir;
Quant à moi, mon secret désir
Est de soudain vous rencontrer
Sur le chemin de votre longue
Et solitaire allée d'ormes.

L'amant

Arrache-moi au sommeil
Moi qui si lourde d'amour
N'y saurais renoncer.

Arrache-moi au sommeil.
Que la grande, fracassante séparation
Me réveille.

Dans cette pause de l'amour
Avant qu'il ne s'envole
Avant qu'il n'excède
Sa pensée
Dans cette pause de l'amour
Que fais-tu, poète?

Je fais renaître le prodige au monde.

Ton cri — était-ce ton cri?
Ou bien seulement le bruit d'un moteur
Ou de pas dans la rue?

Ton cri — ta voix
Ou bien la noirceur qui s'abat
Et chasse la vague de chaleur?

Ton cri, bref, sans parole
Un vent perdu qui appelle
C'était ta voix, haute, douce
Bientôt muette-muette…

Quintil

La nuit
Est une étole
Sur ses épaules jetée
Bientôt vouée
À l'oubli.

Un conte

Trois choses seulement :
Le cri rauque d'un corbeau,
Une violette écrasée,
Et toi, dans l'escalier.

Trois choses seulement.

Analyse

J'ai honte d'être si intime avec toi,
Et pourtant bien plus intime encore
Avec mes propres pensées:
Tout te dire,
Et découvrir
Que ce n'était que mi-dire.

Cette chose je ne puis la combattre,
Moi-même devant un barrage de moi-même
Plus profond encore.

J'ai honte d'être avec toi
Actrice si parfaite.

Entre-temps

Dans le calme, au chant des cri-cri,
Vient alors le repos.
La féroce inquiétude
Et le terrible émoi
Qu'apporte ta présence
Se sont envolés comme corbeaux
Au premier coup de fusil.

Mon esprit maintenant boisé tranquille
Que n'agite plus le vent
Gravement contemple les étoiles.

Inarticulée
Au déclin de l'an
Quelle bise,
Quelle voix stridente !
(La gorge serrée,
J'ai le cœur en laisse.)

Novembre, voici venir
Le temps du souvenir
Comme le vent peut hurler
Ce que les gens ne sauraient crier
Ni même murmurer.
Ce que les gens ne font que rêver.

(Un jour tranquille — chut!
Alors que tombaient les feuilles dorées
Je vous ai presque dit
Tout ce qu'il y avait à dire.

Mais quelque chose me retint :
Votre regard, un mot —
Mon idée s'évanouit
Et jamais ne vous parvint.

Maintenant, plus habituée
À la réticence :
À peine tiens-je compte
De ce que le vent raconte.)

Quel vent!
Quel gémissement
Quel vent et pourtant
Quelque part ma voix
Entre dérives
De vent et de feuilles
Quelque part ma voix —
N'est-elle pas
Articulée?

Primitif

J'ai trouvé quelque chose d'innommable
Que le vent m'avait soufflé
Au visage :
Chose par moi rêvée
Aussi soudainement
Sans l'avoir longuement cherchée.
Mais quand enfin elle m'arriva
Juste à ce moment-là
Trop belle elle était
Pour m'en saisir
Et la garder;
Devait être emportée
Loin
Vers le grand large
Dans les solitudes
Du vent
Et ce lointain esseulement houleux
De la mer

Confession

Ce n'était pas le désir qui manquait —
N'oublie jamais
Ma folle, folle envie de venir.

Mais une peur constante
Ralentissait mon allure :
J'avais toujours su, bien avant notre rencontre,
Vieillir seule.

La terre est mon amante :
Car qui d'autre
Conservera mes os
Nourrira mon souffle?

Feu et givre

La malaria longtemps endormie dans le sang
assaille, telle la vipère, subitement —
le corps sans défense, à l'improviste :

Mais me frappe une autre maladie
qui se cache et se glisse dans les veines
puis frappe et étrangle

Lorsque le souffle ainsi coupé
je vibre et je tremble
ne peux détacher mes yeux de ton regard
furtif
et dans le désordre des mots qui s'échappent
de ma bouche
ne peux dissimuler la vérité

D'une minute à l'autre
une simple amitié, la nôtre
nous vit basculer soudain
l'un dans l'autre

tendres amis
n'étions plus
désormais

Les marges entre nous
se brouillèrent
et sur la page écrite
ensemble
tout était là

Comment se fait-il
que du jour
au lendemain
ta nudité tremblante
qui avait tant saisi et troublé mon esprit

se soit évanouie?

soit envahie
par une troupe de danseurs ardents
occupant la scène avec entrain
chassant le mime blanc
derrière les rideaux?

Et le pauvre corps
sans défense
se retrouva soudain tout accoutré
à la tête d'une nouvelle procession d'événements
maître d'antiques cérémonies

Tant te bénis — car toi
tu fus sans peur —
et pointas, net et clair
les extrêmes opposés
sur une carte :
«Ainsi devons-nous faire.»

Bien d'autres jeunes
au cœur de la tempête
n'auraient jamais osé
affronter, sans défaillir,
ensemble : feu et givre.

La mâle muse

Dieu merci, je t'avais attendu!
Combien de faux marchands de vérité
poétique
ont cogné à ma porte
ont invoqué le saint nom

Mais toi, tu n'as rien dit
tu as pris les devants
n'as demandé que d'entrer
par la petite porte
de l'amour

Aujourd'hui
des sonnets se glissent dans les rainures du plancher
la musique attise notre feu

Laisse d'abord ta main jouer
attiser de petits feux
sur mes bras, sur mes seins
jusqu'à ce que tout mon corps en fleurs
ne soit plus qu'une gerbe de flammes
furieusement convulsé
dans l'attente de ton assaut —

Alors brûle, mon feu
brûle d'une flamme si haute
que se dissipent les nuages renaissants
que par miracle bouge la sphère

Aubade

Non ce que tu es
mais ce que tu es pour moi :
étranger qui chez lui
au fond de mes yeux
allume des arcs-en-ciel
tout au long de mon dos
se rit de l'absurde longueur
de mon deuxième orteil
se délivre du monde
en frétillant sur ma langue.
C'est toi qui,
lorsque, d'un bond, je te quitte
à l'appel du soleil
peux me ramener au lit :
«Femme, Femme, viens.»

Ce flot de toi
en moi
je l'ai pris
pour toi

Mais
lorsque les eaux se joignent
pour former une rivière
des deux l'identité
se perd

Ta main devient
aussi familière que la mienne
mon pouls bat
au rythme de ton corps

Ton souffle
doucement
règle
mon temps

En quête de nos plénitudes

I

Voici un bon lit
il a deux côtés
un que j'ouvre — pour toi
un qui reste ouvert — pour moi

II

Si nous sommes les deux moitiés
du même fruit
alors pourquoi se disputer
le noyau?

III

Tu dis que l'anticipation
te met l'eau à la bouche
mais j'ai appris, jeune
à ne jamais espérer :
Seul l'inattendu
me coupe le souffle
me brûle les os

Ce n'est qu'avant l'aube
que le monde est paisible
les rues vides
du bruit de pas ou de sirènes
mon cœur au ralenti
ton corps replié
endormi
ce n'est qu'avant l'aube
que je me repose
respirant à peine

Mais l'aube est l'heure la plus froide
et quand elle sonne, la fournaise
en bas se met à ronfler!

Tu te secoues de ton sommeil
et me saisis

Dans ma chambre à rêver
tu vas et viens

J'ai une fenêtre ouverte
sur le ciel
tu t'y attardes
et dis
pas de nuages aujourd'hui

Dans ma chambre à rêver
ta météorologie
défie la tempête
immobilise
le temps venteux

Cette page   mon livre

Ma vie s'écrit en droite
ligne!   Je crie
en direction des marges qui
me poussent et me repoussent
et veulent m'éliminer —
dans les marges ce sont les notes
griffonnées
bouffées de soleil, traces
dans le sable de ta carcasse osseuse
mèches de tes cheveux incolores
qui toutes font signe, boucles et volutes
des mots au bord de la page
s'envolent partout
                s'écoulent
                                de bouches enchantées
des mots, tes mots
                apparaissent sur l'ardoise magique
mon corps les efface
                et j'essaie encore
                                de défendre le côté
                                                droit
de la feuille
                pour pouvoir y respirer
Essayer de concurrencer le vent?
                        Comment?
Tes paroles tombent
                        à verse
                                déteignent sur moi

encore
et les marges sont occupées
envahies
par cette douce
chaude sueur
notes d'amour

Au cœur paisible
de ce tableau
Je suis la couleur
de plus en plus vibrante
et pourtant
j'ai besoin de ta foudre
Pour être revivifiée, électrisée
besoin de ta parole
lancée vers les cieux

Au cœur paisible
je n'ose respirer
ni parler
J'attends
J'attends

Cloîtré en ta demeure
moi dans la mienne
nous construisons un pont
pour célébrer
notre alliance
Nous projetons un arc-en-ciel
et nous y balançons
avançant prudemment
de peur de vaciller
et de tomber étourdiment
dans ces bras agités
menaçant de nous écorcher vivants

Ne jamais s'immiscer!
Je le sais maintenant
comme jamais auparavant :
Jeter un coup d'œil
mais rester sur le seuil

Arriver à l'entrée
mais s'arrêter là, discerner
les voix à l'intérieur
les orages   la noirceur
mais s'interdire
de pénétrer

Ne jamais s'immiscer!
d'autres amants
des fils, des frères aussi
me l'avaient dit :
Je n'avais pas compris

Aujourd'hui, inutile
de me crier garde
j'entends clairement ma propre voix
sonner l'alarme du ne pas

Ici, sur le seuil de ta porte,
je me tiens immobile
                    Entre nous
                    tout va bien

Le cœur même de l'amour
n'est qu'un muscle tendu
par l'intensité
du désir

Je voudrais que des os
s'enfoncent au fond de moi
plantés comme des pierres
autour de mon arbre

Mais plus que peau, chair ou sang
Je cherche un cœur
rapide et haletant
qui nourrisse mon âme

La mémoire de toutes nos nuits
est inscrite sur ces draps :
lavée, étendue au soleil
la marque reste là
quand même

Quoi que disent les annonces
quelle que soit la lessive
il n'est pas de savon
qui efface sur le drap
ce que le corps y traça

En rentrant à la maison
je trouvai une botte sur ma table —
sous la chaise
pendillait une chaussette —
jeté sur le plancher
                    un veston —
du vaisselier
jaillit un pantalon

En rentrant à la maison
je n'avais plus mon territoire :
en tourbillon les vêtements se rassemblèrent
et toi dedans
m'emportant dans une farandole

Sorcellerie

Mes seins sont gourdes vides
la peau de tout mon corps
se racornit   se plisse —
les poils du pubis
se hérissent et
piquent

Ne pas être touchée ni enlevée
à la force de tes bras
m'enfièvre et
m'enlaidit

Ô créateur du printemps!
fais, fais-moi   par magie
sortir de ma folie —
d'épouvantail
transforme-moi en belle
et puis fais-moi danser
                    sauter
et me rattrape!

Épouvantail que tu es
je me musserai au creux de ta cape
tes bras de bois ferai plier
et en ferai des os
des coudes et des poignets
des doigts lovés
d'amour

Je soufflerai sur toi
jusqu'à ce que la chair de tes os
se soulève par vagues
jusqu'à ce que tu danses
parmi les blés d'Inde
et folle me fasses valser

Je te vois essayer une idée
comme une cravate
la nouer et la dénouer
ou d'un seul coup décidé
enfin la mettre en place

Alors seulement me fixes-tu
droit dans les yeux —
moi ton miroir

Tu es mon miroir   je
regarde tous les
autres   que tu es en coulisse
jouer dans la pièce
une bonne douzaine de personnages

et je me vois   in-
visible partenaire faire la pirouette
là   singeant chacun
de tes gestes dans mes
dires et mes mots
bulles de miroir soufflées
au long de chemins inconnus
en tous sens   traversant
l'univers

c'est vrai   j'ai menti
mais tu as menti   toi aussi
et imposé la vérité
sans tendresse

Tu es la seule à qui
je ne mens jamais

Allez, vas-y, terrasse-moi, gifle-moi
à main nue de ta vérité

Mais la conversation n'est pas
une partie de plaisir
jamais sereine
elle avance par à-coups
et s'arrête

Attente
compte des battements
de cœur
crainte de se voir
dans le rétroviseur
les yeux
dans les yeux

Dans les miroirs
on ne peut se toucher

L'un dans le désir de l'autre
nous pensons en prendre un autre
séparer ainsi tous les atomes du monde
et faire voler tous les miroirs en éclats

L'un dans le désir de l'autre
nous avons ramassé
une poignée de temps
et conquis l'espace au galop
Seulement, je crie pour te toucher là où tu es
Seulement, tu me chuchotes de caresser ton
 doux visage

Mais puisque nous ne pouvons faire marche
 arrière
ni moi retrouver mes vingt-deux ans
garde-moi sur la glace, et puis
à la fin des siècles
embrase-moi!

Toi qui ne ramasses pas ton passé
mais le laisses traîner sur la chaussée
comme une vieille culotte
que les autos mettront en charpie

Toi qui te défiles
traversant les fossés d'un pas mal assuré
en direction des bois
le nez rivé au sol, furtif
de quoi as-tu peur?

L'obscurité des bois est si grande
sans ta nudité
tel un feu follet scintillant
ça et là

La rivière est si noire
sans la phosphorescence de ton corps
vif-argent qui agite l'eau
de frémissements

Toi —
de quoi as-tu peur?
Amour, reviens
sur la terre ferme

J'ai saisi
du regard intérieur
au détour d'une rue
l'autre femme que tu as aimée,

Tu as bien raison :
comme elle est belle!
air digne, noble profil
étrangement égyptien

Mais dans l'arc des sourcils
je vois des ressemblances :
elle a bien imprimée
la marque de la cruauté

Je voulais rompre avec toi —
aussi bien arracher
l'étamine d'une fleur
et croire qu'elle fructifiera

aussi bien aveugler
dans la plaine les chevaux sauvages
et leur faire sauter les fourrés de saxifrages
après les avoir enchaînés

Je voulais au scalpel amputer là
où l'amour avait posé son sceau :
dans l'ombre tu restes bien en vie —
éclatante blessure qui ne guérira pas

Anesthésie

Effleurant cette orange brûlante
mes doigts ne s'y brûlent pas

Marchant sur ces charbons ardents
mes pieds ne se ratatinent pas

Les lis de leur senteur
envahissent la chambre
mais pour les morts
il n'est plus de parfum

La querelle

Elle ne naît ni de mal ni de haine
mais des rages coupables
que l'amour entraîne

Elle ne naît pas de la nécessité
d'aimer l'autre   mais
de la liberté

Ce ne sont pas les silences
qui la couvent
elle tire de la parole
son essentiel scalpel

Et quand vient le silence
(la paix aux côtés de l'amant)
il met en sommeil
la douleur restante

Pensant que tu pourrais téléphoner
je suis restée à la maison
me contentant de regarder par la fenêtre
le soleil de septembre tamisé
poussière d'or sur les feuilles sombres
du poirier
et la lumière éthérée
se jouant en torsades dans les aunes
distinguant les zinnias d'une belle auréole
disques d'or étincelant

Pensant que tu pourrais téléphoner
je n'ai pas vu l'écume des vagues
se défaire en boucles et volutes
sur la plage
ni entendu le sac et le ressac
de la mer en voyage

Là-bas un vent aigre soufflait
au large
cinglant les vagues
mais sans me décoiffer
seule   tapie à la maison

pensant que tu pourrais téléphoner

Deux fois, deux fois je t'ai laissé partir
mais l'amour m'a flouée
                    m'a flouée
Chaque fois, en effet, tu revenais
plus brûlant de désir encore
et me scellais les yeux
et m'enfiévrais les paupières
avec des déclarations enflammées
faisais fondre mon corps en cire
et paralysais mes pensées.

Aujourd'hui, mes yeux sont vraiment
scellés et brûlés par le sel
de mes propres larmes
désarroi de la perte
vertige du vide
se font écho en moi
privée de ta voix
le feu du rire s'éteint
sans le souffle de la passion —

Ô douleur de douleur
j'ai trop longtemps répété ce départ
et maintenant que c'est fait
je suis transie, je pleure —
je tiens une palombe dans ma main
son pouls gémit au même rythme que le mien

Maintenant c'est fait
et sans récrimination
les motifs que tu me prêtais
étaient tous le fruit
de ton imagination

Et moi qui te voyais
magicien, prince
familier du désespoir
maintenant ma main caressante
masse ton échine dure, tendue —
ébouriffe tes cheveux

Il n'y a plus entre nous
d'eau trouble
ni de ciel nuageux
sur nos têtes
tournant nos rires en dérision

Entre nous
rien
que cette étonnante surprise :
secrète et scellée :
un corps et un bonheur
ensemble guéris

J'aimais ton esprit
la beauté de tes promenades en montagne —
et imaginais à peine
qu'il y eût d'autres secrets à découvrir
d'autres vallées où
ton corps plongeât, un torrent dans les gouffres

Aussi rare qu'en hiver, un parfum de chèvrefeuille
rare est l'homme généreux
celui qui s'efface

Je songe, ce matin béni,
triste en solitude
          et pourtant
          pas si seule

La rupture, voulue
sans qu'elle nous fût imposée
prend d'autres dimensions que
amour haine; joie peine
profit et perte

Et nous nous rappellerons ceci :
aucune méchanceté ne nous vint sur les lèvres
le sifflement des crapauds et des vipères
s'éteignit sur nos langues
nos phrases trouvèrent
leur construction
à la source du bonheur

Le pas au-delà

I

Le seuil apparut
lumineux
comme si la lumière était musique
et musique lumière
Le seuil
apparut
(une porte sert à
chercher la main
tendue pour la
toucher)

Mais le seuil atteint
des forces au-delà
me repoussèrent
Je retombai dans de vieilles ornières
repris ma couture
dans une petite pièce
mais de temps à autre
j'écoute le chant d'un oiseau
(celui flûté de la grive le soir)
le jour, le joyeux gazouillis des moineaux

je vis les murs tomber
et le seuil apparaître
lumineux
au loin   là

Finalement
je fus capable de me tenir debout
sans vaciller
d'un clin d'œil effacer la noirceur du monde
et voir clairement : bleu vert
essence d'oiseau flamboiement
ses couleurs tramant un chant sauvage

II

Le seuil apparut
lumineux
mais jamais cela ne signifia
que j'entrerais :
car entrer, je le savais,
serait tout perdre
ce que j'avais
et n'avais pas

Ce n'est pas toi que je découvrirais
mais l'essence de toi
et nulle nécessité
de saisir, de posséder

Ainsi dans cette atmosphère
je te sentirais dériver
à travers moi en une danse
sans début
sans fin :
cette porte une bouche

où nos bouches se noient
cette pièce sans miroir
mais sacrée désormais   la nôtre

Voix de femmes

Regarde, on a passé à travers.
D.H. Lawrence

Le brouillard s'est levé!
Cette invisible bête bêlante
la corne de brume, alertant les îles
qui en tient d'aucuns éveillés,
en berce d'autres dans la paix de l'enfance
aujourd'hui la corne d'alarme...
est silencieuse :
les aiguilles du soleil transpercent les
feuillages
touchent l'herbe du doigt
dardent les radicelles des jonquilles

Ô sortons nous promener, célébrons!
ce brouillard entre nous
il faut qu'il se dissipe
que l'aiguille de la lumière le perce encore
il faut que mon désir te monte à la tête
te touche jusqu'au cœur
avec de nouveaux mots
d'espoir

L'origine de la famille

Là où mes parents canotaient
sur la rivière Rouge
ces après-midi du dimanche
avant de coïter
avant de m'enfanter

la rivière coule toujours
soixante-dix ans après
mais sans trace de lui
de la grâce du coup d'aviron
ni d'elle ni de son rire léger

Tout est là dans ma tête
leur conversation
leurs efforts de
conciliation —
l'éternelle question :
nous aimons-nous
oui ou non?

Tout commence quand enfin
Le premier septembre 1908
ils passèrent à l'église
prirent le train pour aller
à Whytewold sur le lac
dans un chalet de lune de miel
qu'on leur avait prêté
où les souris leur couraient sur le visage

et le matin
il fit cuire des œufs au bacon
tout en jurant comme un charretier
(«je ne l'avais encore jamais entendu jurer —
et ne m'y suis jamais habituée»)

Était-ce qu'il avait décidé
qu'elle n'était pas vierge?
Elle ne sut jamais que vingt ans plus tard
pourquoi le dégoûtaient son corps et ses
manières
et qu'elle n'aurait jamais une chance
de lui prouver
son essentielle innocence

Maintenant que je suis ici
eux s'étant unis pour me donner la vie
je porte le poids de leurs soucis :
d'elle, la candeur, de lui, la culpabilité.
Je suis au centre de leurs projets
faite de leur double rivalité.
Pour être libre je dois plonger
dans la promesse d'un nouveau monde
je dois descendre et entrer dans
cette noire caverne
avec seules mes mains brûlées
en offrande

Les larmes des femmes

—Il m'offrit bijoux, pierre bleue, chapeau à
plumes
tout ce dont je n'avais cure —
pensait ma mère.
Jamais elle ne mentionna *l'amour*
— affection, disait-elle,
Je savais qu'il m'aimait bien,
mais —

Était-ce
de louanges
qu'elle était assoiffée?
de la reconnaissance *et rien d'autre*
de son talent?
ou n'était-ce
que d'un doigt lui caressant la joue
d'un mot de surprise
pour dire le saphir
de ses yeux d'Irlande?

Elle ne savait ni cuisiner ni coudre
ni tenir maison
ni s'habiller comme
il pensait qu'une femme le devait —

Dans la distance, il découvrit
l'immunité;
ces bijoux et ces plumes étaient dons
d'un autre rêve

Ma mère

« Vous avez tant de cran », dis-je
l'installant doucement
sur le siège du train

Lui donnant un baiser d'adieu
qui serait — je le sais maintenant —
le dernier

Ses yeux brillaient d'un bleu éclatant
sans l'ombre d'un regret
jamais elle ne s'était apitoyée
sur son sort

Mais moi
revenant seule sur mes pas
le long du quai
mes pieds pesaient
le poids du grès

Le legs

J'allais crier et m'en prendre aux défauts
de mon fils —
lorsque je vis soudain mon père debout
devant moi,
son doigt sur les lèvres.

Alan Crawley,
Aveugle : Conversation.

Et dans ma tête
rôdent ces vieux amis
(disparus) —
évoquant le souvenir
d'un sac de prunes déposé
à la porte arrière
de quelques épis de maïs
pour le dîner —
d'un téléphone à minuit

Et dans ma tête
se promènent mes parents
désormais sans malice ni violence
mais écoutant
avec tendresse
toutes mes petites plaintes

Un jour les enfants
grandissant
m'entendront-ils venir

doucement
ma main froide allant réchauffer
cette épaule dolente?

Maîtresses d'école

Maîtresses qui m'avez
enseigné
les délicatesses du français
la symétrie des
équations
l'incroyable
subtilité
des variations anglaises
Maîtresses qui m'avez enseignée

Aujourd'hui je vous rencontre
vous, femmes vigoureuses,
septuagénaires,
octogénaires aussi
et c'est moi qui m'émerveille
(Ô mes chéries)
que vous ayez gardé
votre regard fixé
sur les efforts magiques
de l'humanité
et ne m'ayez jamais dédaignée
moi pauvre enfant
mal attifée
de toute évidence
étrangère à
cet établissement
ne m'ayez jamais dédaignée
moi l'incorrigible

non-conformiste
mais ayez aimé
allez savoir pourquoi
mon corps gauche et disgracieux
mes taches de rousseur
ayez vu
allez savoir comment
que je pourrais un jour m'envoler
fouettant les eaux
pour devenir moi-même.

Vieillir

Peut-être est-ce
l'intense et pénétrant attachement
à la personne de l'autre
le relâchement
de l'arc créateur bandé sans cesse —
jusqu'à ce que l'hypertension
lentement diminue
et cesse

La passion décline
la haine s'éteint
pour peu qu'il en reste,
sont vénérables alors
le quotidien
et l'échange
du frère et de la sœur
à table en tête à tête —
amour de cœur!

*Mon semblable, mon frère**

Une supplique
adressée par chacun :
reconnaissez-
moi!

Sachez
que je ne suis
créature marine
inarticulée
je respire aussi.   Je suis.

Je n'ai non plus
le pouvoir du dragon
d'encercler votre rocher
et de dévorer

Prenez-moi en otage
si le devez
votre confiance
ne trahirai

À travers feu et violence
et le malheur du monde
reconnaissez-moi;
votre amie   votre ennemie

---

* En français dans le texte : N.d.T.

Rien n'est privé

Jamais les hommes n'ont été
physiquement scrutés
comme l'ont été les femmes
Qu'y a-t-il de privé?

Pour un homme
ni le visage ni le torse
ni (aujourd'hui)
le scrotum et la tige
de sa fleur qui fleurit
comme dans tout l'art antique

Mais pour la femme
Qu'y a-t-il de privé?
Ni les seins ni les mamelons
ni les hanches ondulantes
ni la petite forêt
qui recouvre cette incroyable caverne
d'où jaillit l'humanité

Pour une femme
rien n'est privé!
elle est envahie
nuit après nuit
elle n'a pour se croire
humaine et digne d'être
que l'essence de l'âme

Retournements

«Elle s'est mise en grève»
dit le jeune homme :
«et m'a laissé la lessive, la cuisine
et le ménage
à faire.»

Mais curieusement
il ne montrait aucun ressentiment :

«Je plonge dans
le travail des femmes
avec joie

Quand elle sortira de
sa crise
nous retrouverons le partage
dans l'égalité et les rires
ensemble et libres!»

Autoportait : l'androgyne

Les traits durs de son visage
masculins   fermes
sont aisément captés par les hommes —
peintres —   photographes —
aisément redoutés

Seules les femmes-enfants du monde
la peignent chaleureuse
douce et accueillante
voient en elle
un refuge

Rare ce jeune homme qui,
couvert de givre, fit irruption
sur ses patins dans un festival de glace
sur le canal Rideau
et qui, l'entendant lire ses poèmes
dans un igloo
s'approcha, emmitouflé dans son écharpe
et dans sa tuque et
souriant, s'exclama
«Tiens, vous aimez les hommes!»
et la serra dans ses bras

Voyage en autobus
(Collage poétique)

J'suis une Indienne
mais j'ai épousé un métèque
Dès que j'arrive à maison
y'm'donne d'la marde
asteure, faut qu'j'm'en aille
faire son souper —
y peut même pas s'faire cuire un œuf
peut pas

«Y m'aime, c'est sûr
mais j'couche pus jamais
avec lui
j'y ai donné six petits
c't'assez —
asteure, y est vieux
pis moi, j'dis :
à quoi c'est bon
un arc sans flèche?

C'est ma roue de secours —
quand tu vas en auto
tu peux pas t'en passer!

La mal-aimée

Je t'ai dotée du contenu
de mon état anxieux
et ce n'était pas généreux

Je t'ai légué ma brosse et
          mon peigne fin
avec leurs cheveux poussiéreux
et ce n'était pas joli

Les après-midi de mécontentement
j'arrachais les mauvaises herbes
                    du jardin
et t'en revêtais

Lorsque je marchais sur le rivage
geignant avec les mouettes
je te plantais un corbeau
sur l'épaule

Tu as hérité de toute ma peine
mais seulement de la moitié de mon rire
et ce n'est pas bien
Tu es accablée, ma petite sœur
et je ne peux pas soulever la pierre
                    sur ton cœur

Maternitude

S'adressant à sa nouvelle amie —
les deux savourant la soupe de poisson
que j'avais préparée —
mon fils expliqua :
«Oui, elle sait y faire.»

Sinon une explication
n'était-ce une déclaration?
Jamais il ne m'aurait dit ça
comme ça   en face!

Maintenant, tel que je l'entends
par le biais d'une intermédiaire
je sens toutes ces étroitesses des
années domestiques
filer —
ces routines qui semblaient contraindre mon être
tout le temps avaient créé ce lien :
mère à fils

En des temps comme ceux-ci

Maintenant que les arbres ont épandu
leurs pièces d'or
sur la grande moquette
de la terre
nous entendons ce que le vert été
avait réduit au silence :
le bruit brut
le rugissement exterminateur de l'autoroute

Maintenant que les arbres
décident qu'il est temps
et temps pour nous et les écureuils
de se terrer   d'enfouir la chaleur

Je suis seule
anonyme :
vivante
et défiant la raison

Je cherche
(pauvre insurgée frustrée)
à croire encore
à la résurgence
manifeste et conjointe
de l'homme et de la femme

Maintenant que les arbres
ont mis notre désir
à nu…

Les jumeaux

Nous aurions dû naître
ensemble
sœur et sœur
ou frère et frère
frère et sœur
amant et amante —
rose sans épine

Nous aurions dû nous rappeler
Byron et Shelley
qui avaient tenté cet envol
mais c'est pitié, pitié que
nous avons éprouvée
pour ces femmes prises dans leur filet :
l'une se noya —
Harriet
qui avait tant espéré vivre
avec une autre âme
à ses côtés —
mais abandonnée
(tant de femmes
abandonnées)

Pouvons-nous faire continence
afin d'extraire l'épine
des chairs de la rose blessée?
Nous souffrons et aimons aujourd'hui
à la suite des siècles maudits

En voyant
Le Jour du dauphin

Des années plus tard
il pourrait errer sur cette grève
vieillissant et seul
ne se languissant ni pour une femme
ni pour de grands enfants
mais cherchant Alpha
«Fah» ce dauphin aimé
et ses cabrioles

Il pourrait errer ça et là
coup de pied tranchant   dans le sable
                    les cailloux   les coquillages
espérant voir cette plus que vivante
danse de vie :
geste du corps
saut de ballet
venu de l'océan
vers l'antre de l'océan
«comme s'il allait à l'école» —
de son cri aigu de dauphin, qui disait :
«Fah aime papa.»

Par le toucher
l'amour survit
même parmi les humains
toujours parmi les dauphins

Ô frotte mes épaules
caresse ma peau marine!
convaincs-moi
que nous sommes frères

De l'île enchantée

I

Nous sommes trop vieux pour être inquiets
aimer n'est pas immoral
mourir non plus

Nous avons aidé nos jeunes
exploré l'espace devant eux
assez pour qu'ils puissent prendre leur envol
seuls aujourd'hui dans une maison vide
ou même en couple sous le joug de la routine
une foule d'entre nous chante
impatiente de prendre un nouvel essor
d'ouvrir nos veines obstruées pour sauter encore
agir à l'unisson
pour la sauvegarde de nous-mêmes
et celle de l'île

II

Auriez-vous vécu autrement?
parlé avec une autre voix?
la question jamais ne se posa
jamais il n'y eut d'autre choix

Désorientés, nous sommes forcés
de marcher les yeux bandés

de prendre les virages au jugé
nos mains découvrent à tâtons
un arbre ici   là un rocher —

Donnez créance au cœur!
ceux qui procèdent
par logique et bon sens
fanent à la naissance —
n'atteignent jamais
notre âge d'innocence

En thérapie : dialogue

Le discours est sans conséquence
il naît de
l'autre côté du cerveau
Sentez seulement. Sentez cette énergie
qui embrase la vôtre
                    je sens
                    la pluie qui tombe...
                    martelant
                    le toit de ma peine
Sentez. Laissez-vous aller.
Respirez maintenant et rêvez.
                    Je délie mon corps
                    dans vos mains apaisantes
                    quand je reviens à moi
                    je vous sais mon gourou
assurez-vous   que la pièce est sereine
harmonieuse
ne contient ni faux objets
ni images
cherchez à distinguer
le vrai
de l'imitation
                  Mais si le vrai n'avait existé
                  qui pourrait concevoir
                  l'imitation?
                  Sans l'huître
                  que serait la perle fausse?
                  Sans le diamant
                  que serait la fausse pierre?

Le vrai fantôme
c'est le soi
dépouillé de ses vêtements
exposé   nu
bébé plongé
dans les jeux complexes
qui s'engagent dans l'arène
de l'univers
        Pourtant je crois
        que peuvent exister à la fois :
        la vie et son reflet —
        l'art —
        et qu'entre mon désir
        d'arrêter les guerres
        et de libérer les femmes
        existe cet espace de paix
        parfaitement protégé
        où pouvoir me retirer
        dans des jardins mordorés
        d'harmonieuses danses
        des corps humains
        en mouvement s'entrelacent
        entre toi et moi

Nous sommes sans nom
nos signatures viennent
de l'autorité des morts
comme nous explorons l'univers
nous ne faisons plus qu'un
avec son cœur

La secrète doctrine des femmes

La solution est toujours à portée de la main :
cachée, insoupçonnée, là, juste au tournant;
sur la plage déchirée par la vague
ou aveuglante dans le sentier d'un boisé printanier;
dans la patience noueuse de ce chêne-là attention!
ou bien au beau milieu d'une foule à un feu de circulation
visage illuminé
chevelure d'une femme

Dans un rêve, ai entendu ces mots familiers :
frappe et on t'ouvrira;
cherche et tu trouveras.
Tout le jour, j'ai serré ce message
sur mon cœur —
tout le mois, je me le suis rappelé —
toute l'année, au hasard je cherchais
en mal de cette vérité encore irrévélée
cherchant loin et partout
et tout ce temps tu attendais là
tout près
faisant offrande de toi-même, de ton amour.
À la lumière d'un éclair, je me suis réveillée
et t'ai trouvée à mes côtés
et eu la révélation

de la secrète doctrine que nous devons partager —
partager et diviser

Œil privé, seul le soleil
nous voit
allongées sur la plage
ton torse étincelant sur le rocher
moi sur le sable à tes côtés
m'imbibant de la blancheur de ta peau —
flot marbré de chair
dont les veines
explorent avec le roc
le chemin de la mer

Je me surprends
ainsi unie
mon sang coulant à la vitesse et au rythme
du tien
mon esprit sous le toit de ta tête
la pression de nos doigts joints
comme le talon au pied
le genou à la cuisse
le cœur aux poumons —

La solution
éclate comme le matin
qui nous saisit   chaque jour
avec un nouveau chant :
tu es la veilleuse dans ma tête
qui me dit comment rêver

Aubes

I

Lorsque Monsieur Lune passera par là
avec son sac d'argent
je ne l'inviterai
pas

J'attendrai que les doigts délicats
de Dame Soleil
se faufilent en douceur par la fenêtre
se glissent   comme l'amour
sous ma peau

II

Nous nous levons de plus en plus tard
maintenant que les yeux du jour
sont paresseux
nos paupières papillotent
et dissipent les nuages

III

Tu dois laisser ta bouche aller
tu dois te noyer en moi

Tu as la fraîcheur et le doux parfum
de la fleur de pommier
mais l'arbre est là :
rugueuse écorce   branche noueuse

Je suis cette part de toi —
va   va

Que je jouisse de ta bouche

IV

Seule dans mon lit
je ne suis qu'un paquet d'os douloureux
la bedaine en saillie.
En tel discrédit de soi
comment oser se rappeler
la passion?

Car le feu s'est envolé —
en tenant lieu : un puits d'eau claire
m'attend
où tu me laisses venir
une petite tasse à la main

Maison d'hiver

Pour Anna Achmatova

Comme si ces larmes par moi
versées je les buvais à la coupe
des mains d'un autre
A.A.

Je commence enfin à mettre ma maison en
  ordre
mais ne pensant   ne rêvant
qu'à vous :
à vos vingt ans quand je naissais
à votre vie à travers la révolution
quand j'étais une enfant ignorante, ignorée —
mais la maison d'hiver était notre demeure :
vous, sur la Neva
moi, sur l'Assiniboine
puis nos vies se sont croisées
franchissant les distances
tissant les crucifixions
que les femmes apprennent à souffrir
et pourtant, en 1935, j'ai failli m'envoler
pour Léningrad et Tsarskoe Selo
aujourd'hui, lisant votre Requiem
je sais la peine qui me fut évitée
je sais les portes de prison que vous avez frappées

que je ne n'ai jamais affrontées.
Mariage et enfants m'ont détournée
des amis et camarades emprisonnés
leur réclusion n'étant pas torture pourtant
dans mon pays :
frustration et ennui seulement

À Hiroshima
la pensée s'arrêta
la Paix devint Guerre
les mots furent des cailloux
lancés au fond des mers

Et maintenant que j'ai vu Léningrad et
  Moscou
moi, de Winnipeg et Montréal
en disant vos mots lentement
le nez enfoui dans une brassée de fleurs
en nommant vos signes emblématiques :
oiseau   neige   saule   pierre

Maintenant je suis résolue
et peux me préparer
à croire en vous
en tant que personne, poète, femme —
je crie «Relevez-vous!»
je crie avec mes mains cherchant
à tâtons des mains pour vous couvrir
d'amour

Apocalypse

(En apprenant comment les archéologues
ont trouvé «Lucy»)

Lucy in the sky
with diamonds *

Je t'ai entendue
dans mes rêves
crier «Je» — «Je»
«Vous» — «Vous»
j'ai entendu et enregistré
ton cri lancé à l'humanité

Tes os enfouis dans la terre
trois millions d'années
ça pourrait être hier
ou demain
mais le mot c'est *maintenant*
et mon désir d'être humain
d'évoluer de l'amour et de la haine
du découragement et du désespoir
vers quelque prodigieuse union
trois millions d'années à être femme
à aimer un homme
à créer des enfants

---

* N.d.T. «Lucy dans le ciel
avec des diamants»
— Une chanson des Beatles.

mon désir m'installe
au-dedans de tes os
à côté de ta caverne et de ton feu —

Notre phénix s'élève
éclate en
un éblouissement de satellites
flamboyants

Arbutus

Pour Anthony

Assailli par la tempête
l'arbre s'écrasa
sur la paroi de la falaise —
«Sculpture de jardin», dis-tu
et ta scie traversa le grain

Ces os nus
sont debout désormais
appuyés sur la maison
luisent blancs de lune
jaunes de soleil
ou délices marines
voilées de bruine
mais protégées du gel
douleur de l'hiver :
sans vie — mais
sous une autre forme
vivants!

Nous aussi, vieillissant
coupés de nos racines
faisons partie des paysages
de la côte Ouest

nos visages sculptés
dans le mur du jardin
nos voix — mélodie
proche   lointaine
dans la forêt feuillue
mêlée aux refrains sanglotés
du chant de la grenouille

Lors l'amour est morte
mais la mémoire de l'arbre
la mémoire de l'amour
fait vivre

La Sybille

Je suis celle-là dans le calme
et l'apparent silence du courant
dont le centre est vortex

Je suis la femme
que vous désiriez être —
et l'homme que vous mîtes au défi

L'enfant que vous avez chéri
aveugle de naissance
et qui périt

Je suis l'adolescent qui clame
son défi aux parents —
moi aussi, j'ai haï
et fus défaite

Je suis la voix de la Sybille
criant son désir de connaître :
Ô ne me rejetez pas
enseignez-moi à être plus humaine

et à apprendre
dans l'étreinte   de l'amour

comment de petits miracles
ébranlent les faits —
explosent!

Née à Winnipeg, au Manitoba, le 12 octobre 1909, Dorothy Livesay n'avait que dix-huit ans lorsqu'elle publia son premier recueil de poésie. Elle se voua par la suite, parallèlement à son œuvre de poète, à de nombreuses activités sociales et intellectuelles devenant tour à tour journaliste, travailleuse sociale, enseignante. Rédactrice en chef, animatrice d'émissions littéraires à la radio et professeur d'université.

Les Âges de l'amour est son premier livre publié en français.

Quelques livres de Dorothy Livesay

Green Pitcher (1928)
Day and Night (1944)
Selected Poems (1957)
The Unquiet Bed (1967)
The Documentaries (1968)
Collected Poems: The Two Seasons (1972)
Winnipeg Childhood (1973)
Ice Age (1975)
Right Hand Left Hand (1977)
The Woman I Am (1978)
The Raw Edges (1981)
The Phases of Love (1983)
Feeling the Worlds (1984)
The Self-Completing Tree (1986)

Achevé d'imprimer
en janvier 1989 sur les presses
des Ateliers Graphiques Marc Veilleux Inc.
Cap-Saint-Ignace, Qué.